历史真好玩

遇见古希腊人

（英）詹姆斯·戴维斯（James Davies）/ 文图

李科 / 译　贾平平 / 译审

化学工业出版社

·北京·

图书在版编目（CIP）数据

遇见古希腊人 /（英）詹姆斯·戴维斯（James Davies）文图；李科译．—北京：化学工业出版社，2020.1（2025.4重印）

（历史真好玩）

书名原文：Meet the Ancient Greeks

ISBN 978-7-122-35730-4

Ⅰ．①遇… Ⅱ．①詹… ②李… Ⅲ．①古希腊—历史—儿童读物 Ⅳ．① K125-49

中国版本图书馆 CIP 数据核字（2019）第 252654 号

Designed by Olivia Cook and Marty Cleary
Edited by Joanna McInerney
Consultant: Polly Low

北京市版权局著作权合同登记号：01-2019-5508

出 品 人：李岩松　　责任编辑：笪许燕　汪元元
版权编辑：金美英　　营销编辑：龚　娟　郑　芳
责任校对：刘　颖　　装帧设计：付卫强

出版发行：化学工业出版社（北京市东城区青年湖南街 13 号　邮政编码 100011）
印　　装：盛大（天津）印刷有限公司
889mm × 1194mm　1/20　印张4　字数　50 千字　2025 年 4 月北京第 1 版第 8 次印刷

购书咨询：010-64518888　　售后服务：010-64518899
网　　址：http://www.cip.com.cn
凡购买本书，如有缺损质量问题，本社销售中心负责调换。

定　　价：40.00 元

目录

欢迎来到古希腊 2
米诺斯文明 4
迈锡尼文明 6
特洛伊战争 8
古希腊的发展 10
了不起的雅典 12
僭主和政治 14
希腊众神 16
神庙 18
节日狂欢 20
希腊神话 22
诗歌和表演 26
古希腊人的比赛 28
古希腊人的时尚 30

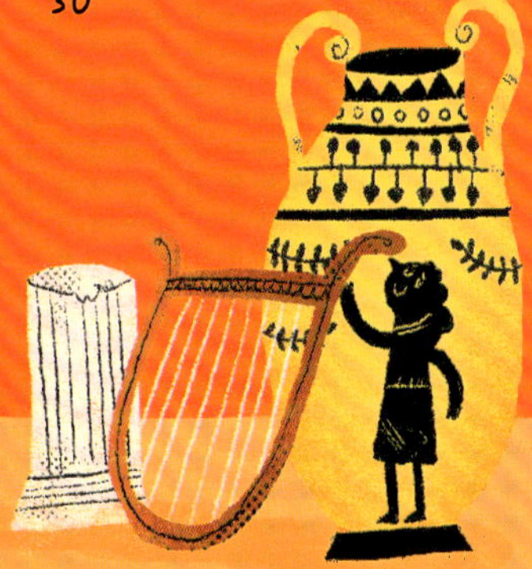

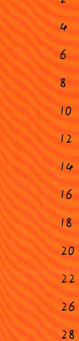

古希腊的女人 32
孩子们的成长 34
希腊字母 36
古希腊人的家 38
古希腊人的饮食 40
漂亮的陶器 42
科学和医疗 44
伟大的哲学家 46
冥界 48
古希腊的战争 50
斯巴达人 52
亚历山大大帝 54
今天的希腊 56
古希腊时间表 58

希腊在古代是世界上最重要的国家之一。在古希腊时期，既有令人生畏的士兵，也有伟大的艺术家和睿智的思想家。古希腊人生活在如今的希腊半岛和周围的岛屿上，但他们的殖民地却遍布地中海周围的地区。

虽然他们生活在2500年以前，但古希腊人却对世界产生了深远的影响。直到今天，他们的一些发明、故事和艺术品还影响着我们的生活。

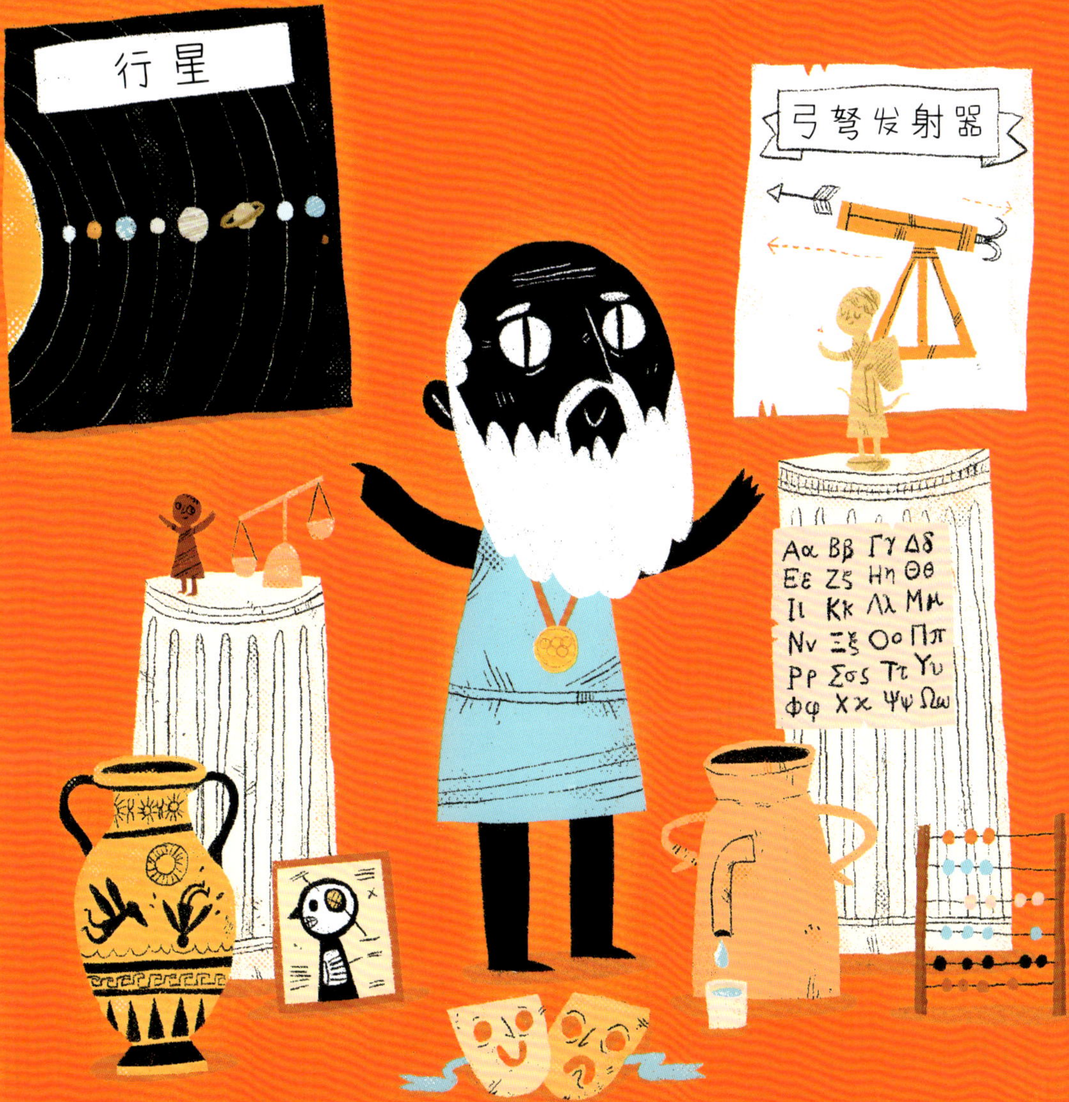

古希腊人自称赫伦人，因为他们生活的地方叫赫拉斯。后来，罗马人称他们为希腊人，这个叫法沿用至今。

米诺斯文明起源于克里特岛，因为一位传奇的国王——米诺斯而得名。它是古希腊最早的文明之一，贸易和经商使人们变得富有。公元前2200年到公元前1450年之间，米诺斯文明处于鼎盛时期。人们建造了很多富丽堂皇的宫殿，包括著名的克诺索斯宫殿。这个宫殿有几百个房间，就像一个大迷宫！

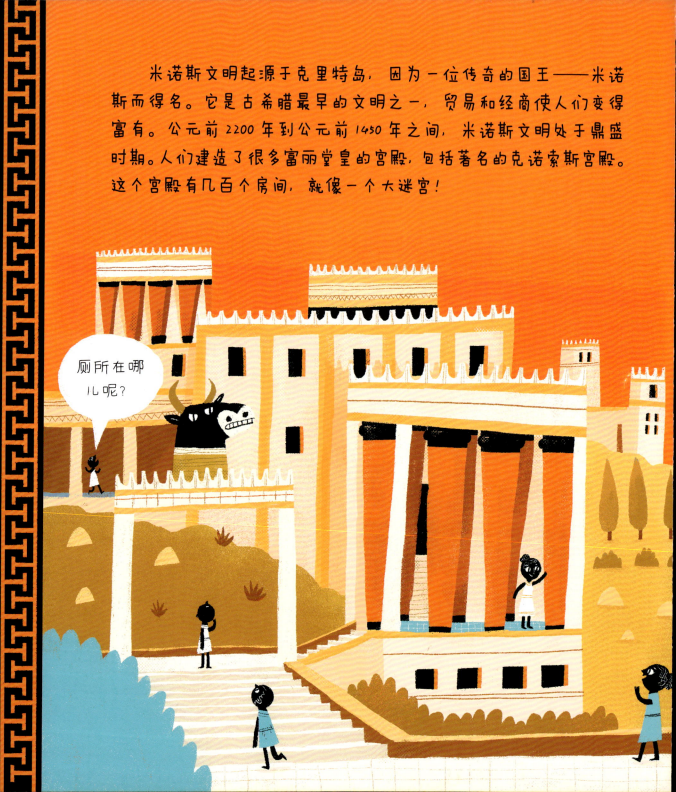

关于迷宫，有这样一个传说：克诺索斯宫殿里住着一个吃人的怪兽米诺陶洛斯，它人身牛头，被关在迷宫里，发怒的时候它会逃出来攻击人。最后，有一个叫提修斯的年轻王子把怪兽杀死了。克里特公主阿里阿德涅用毛线标记路线，帮他走出了迷宫。太牛了！

米诺斯文明之后是迈锡尼文明。在迈锡尼城附近，迈锡尼人建造了很多宏伟的建筑。他们是非常出色的商人，但他们最擅长的还是打仗。著名的古希腊诗人荷马在诗集《伊利亚特》和《奥德赛》里面讲述了很多迈锡尼文明和战争的故事。

迈锡尼时代大约从公元前1600年开始，在公元前1100年左右结束，然后希腊便进入了黑暗时代。为什么叫“黑暗时代”呢？可不是因为没有光明哦，而是因为那段时期留下的记录几乎是空白——所有的文字和艺术都消失了，就像恐龙突然灭绝一样！

谁也不知道那些迈锡尼人在忙什么……

在诗人荷马的作品中，古希腊人攻打特洛伊的战争是最著名的故事之一。特洛伊位于现在的土耳其境内。故事是这样的：

特洛伊人和古希腊人一直和平相处，但是自从特洛伊王子帕里斯抢走了斯巴达（古希腊的一个城邦）国王美貌的妻子海伦之后，两个国家的关系就破裂了。把斯巴达人惹恼了可不是闹着玩的！于是特洛伊战争开始了。

特洛伊城被高大坚固的城墙包围，希腊联军围攻了十年，都没有攻下来。直到有一天，有一个叫奥德修斯的聪明将军想出了一个好计策……

奥德修斯的计策是这样的：

1. 希腊人先造了一个很大的木马，并把木马留在城外，当作送给特洛伊人的礼物，然后他们就回国了。这听起来好像不错！

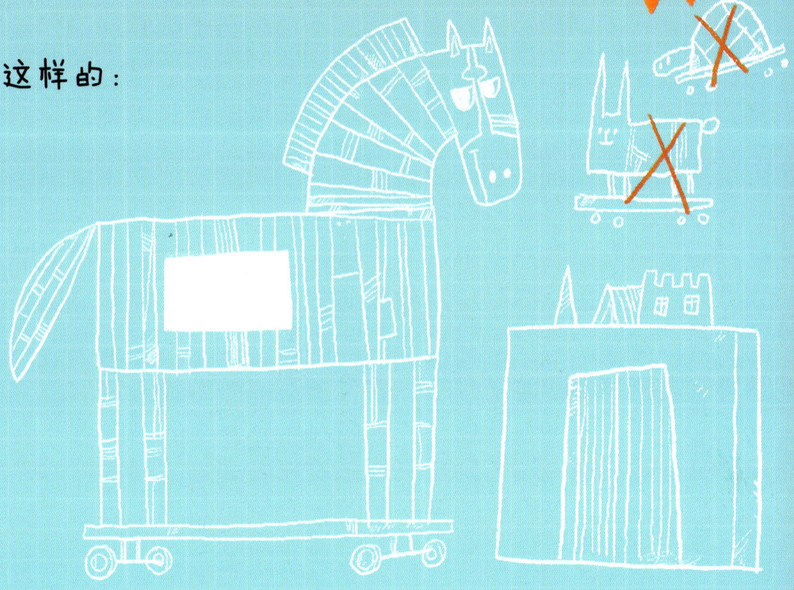

2. 看到希腊士兵乘船离开后，特洛伊人便出了城，看到了希腊人留下的大木马。他们喜出望外，觉得捡到了宝贝，于是赶紧把木马拖进了城里。（木马下面有滑轮）

3. 当特洛伊人睡熟了，沉浸在收获木马的美梦中时，三十个希腊士兵偷偷从木马里面溜了出来。原来，他们提前藏在了木马里。他们把特洛伊的城门打开，让外面准备好的希腊士兵进城……这个计策是不是很精彩？

猜猜结局怎样？事实证明，这个计策真的很管用！

在公元前800年左右，也就是在进入黑暗时代300年以后，古希腊的历史记录又重新出现了。人口增加了，与其他国家的贸易也更频繁了。这个时期被称为古希腊的“古风时代”——历史学家把古希腊文明分为三个阶段，“古风时代”是第一阶段。

古希腊人开始和古埃及人做贸易，受到了古埃及人的影响。他们也像古埃及人一样用石头做雕像！这种石头雕像叫“库罗斯”。
嘿，你怎么长了一个新头？
你是说这个古董吗？它可是从埃及来的。

公元前480年，古希腊进入了第二阶段“古典时代”。在这个时期，古希腊人建造了很多不可思议的建筑，创作了很多戏剧，并开创了人类历史上第一个民主制度。我们今天谈论古希腊时，一般说的就是这个时期。

第三个阶段，也是最后一个阶段，叫“希腊化时代”，从公元前323年持续到公元前31年。（更多信息见第55页。）

古希腊有很多城邦（以城市为中心的国家），雅典在很长一段时间里是古希腊最强大的城邦，也是西方最重要的城市之一。它是艺术和学术的中心，很多古希腊作家、艺术家和思想家把雅典视为家园。

在雅典的市中心矗立着一座石头山，上面坐落着著名的雅典卫城。这个神圣的地方有很多重要的神庙，其中最大的一座叫帕特农神庙，一直保存到现在。

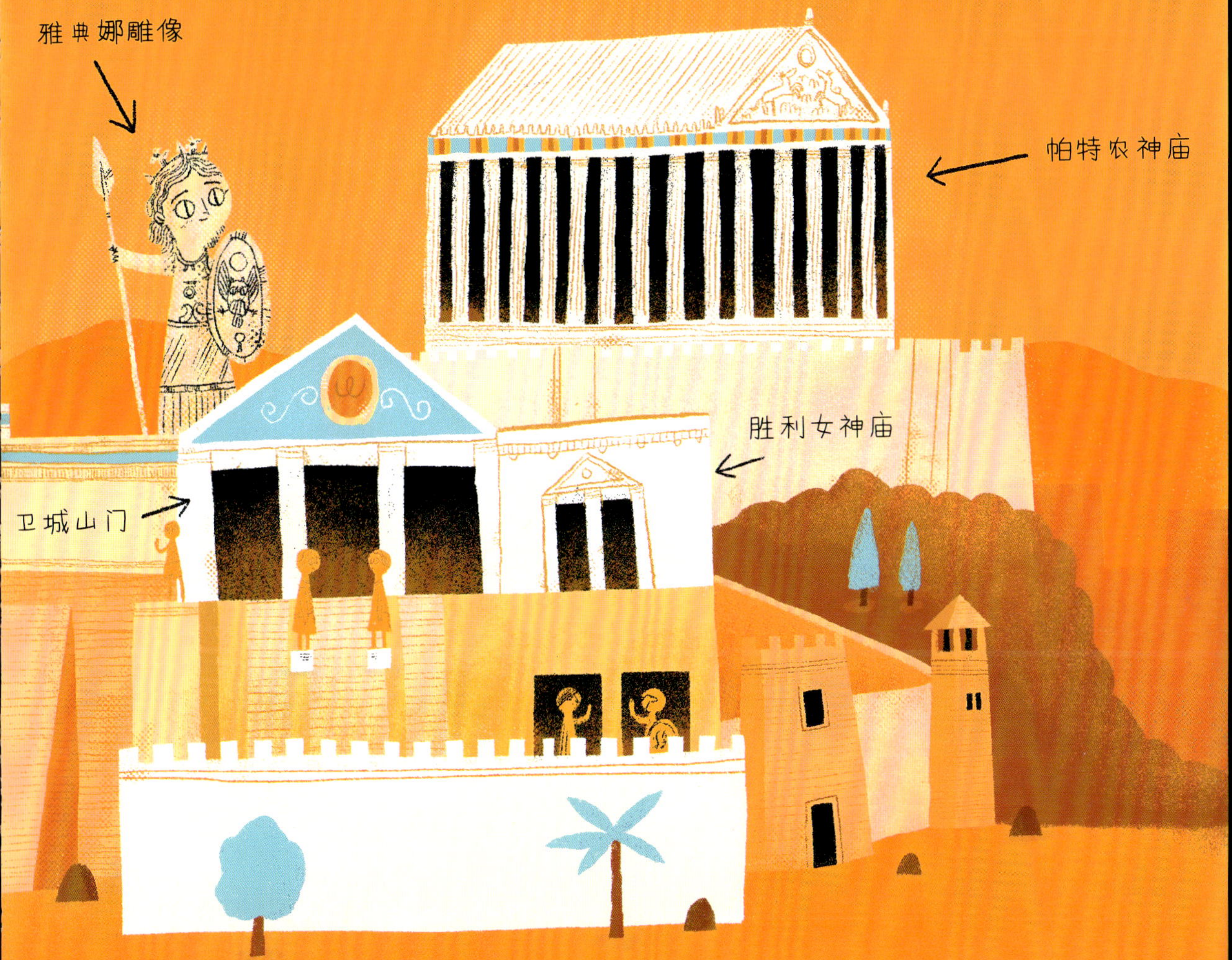

帕特农神庙从公元前447年开始建造，公元前432年全部完工。神庙里供奉着一座巨大的用黄金和象牙雕刻的雅典娜雕像，雅典娜是象征战争和智慧的女神。

早期，一些被称作“僭（jiàn）主”的富有地主统治着古希腊的各个城邦。“僭主”这个名字虽然听起来很可怕，但其实类似于国王。不同的僭主用不同的方法统治着各自的城邦，他们都认为自己的治理方法是最好的，这让整个希腊看起来乱哄哄的。僭主们有很多敌人，在大约公元前500年的时候，他们终于被赶下台。

在僭主之后，古希腊人发明了一种新的政府形式，叫作民主制度。在民主制度下，公民聚集在一起投票决定如何管理城邦，而不是由政客自行决定。这种制度给很多国家带来启发，大多数国家至今还在使用。不过现在的民主制度和过去不同：现在每个成年人都可以投票，而在古希腊，只有男人可以投票。

古希腊人认为有很多神住在希腊最高的奥林匹斯山上，并时刻注视着他们。这些神的行为跟人差不多，他们也会恋爱、结婚，甚至经常吵架，但他们很强大，并且能够长生不老。下面就让我们认识一下这些神吧！

雅典娜是智慧和战争女神。传说她是在宙斯做开颅手术治疗头疼时，从宙斯的脑袋里跑出来的。简直太神奇了！

阿波罗是狩猎女神阿尔忒弥斯的双胞胎哥哥，是光明和治疗之神。在德尔斐有一个著名的神殿就是用来纪念他的。

波塞冬是海神，他手持一个叫作三叉戟（jǐ）的大叉子。如果谁惹他生气了，他就发动风暴和地震。当心点儿！

宙斯是众神之王，也是天空之神。如果你不听他的话，他就朝你丢出闪电，你可得小心点！

赫（hè）拉是宙斯的妻子，也是婚姻和生育之神。她脾气很不好，因为她参加选美比赛失败了，她就帮助希腊人摧毁了特洛伊城！

阿芙洛狄（dí）忒（tè）是爱神。她有一条神奇的金腰带，能够让人们爱上她。

为了纪念众神，人们修建了很多神庙。有的神庙很小，但有的却很大，而且还有金光闪闪的装饰物。神庙的柱子都是用巨石做成的，每一根有十二头河马那么重！成百上千的工匠们花了很长的时间，用砝码和滑轮建造了这些神庙。他们的工作很出色，有些神庙至今还屹立不倒！

整根石柱太重了，很难把一根完整的石柱竖起来，所以，这些石柱都是用一段一段的石块摞(luò)起来的。

当人们需要神的帮助时，比如没钱花了、作业写不完了，或者有其他的烦心事，他们就会到神庙祷告。

为了表达诚意，也为了让神开心，人们会在神庙里摆上小麦、钱、鲜花和食物等供品。祭祀结束后，人们就可以享用一顿大餐了。

古希腊人喜欢聚会。每个希腊城邦的日历上都排满了各种各样的节日。

如果想了解古希腊的节日文化，可以到雅典看一下。每四年，雅典都会举行盛大的泛雅典娜节，在节日的最后，人们会吃一顿大餐。成千上万的人来参加运动会、读书和音乐比赛。雅典人真的很会玩！

德尔斐被古希腊人看作是世界的中心，那里有阿波罗神庙。在德尔斐，人们会通过话剧、赛马和音乐比赛来纪念阿波罗神（阿波罗也是音乐和艺术之神）。比赛的获胜者会得到丰厚的奖品——苹果。

在节日里，人们都很快乐。男人和女人都穿着最好的衣服，吃很多好吃的食物，孩子们观看五花八门的游行，还能在一起玩一些恶作剧！

古希腊人有很多关于神的故事，我们把这些故事称作“神话”。这些神话经常被当成教学资料，其中有一些讲述了希腊众神的历史。我们来看几个最著名的神话故事吧！

赫拉克勒斯的十二大功

赫拉克勒斯（罗马神话里的“大力神”）有着不可思议的神力。

不管你让他举什么，他都能举起来！他是半人半神，这让很多凡人嫉妒。就连他的哥哥欧律斯透斯，还有他父亲宙斯的妻子赫拉都嫉妒他。

欧律斯透斯和赫拉想出了一个恶毒的计划。他们告诉赫拉克勒斯，如果他能够完成十二件事情，他就能长生不老！赫拉克勒斯一口答应，接受挑战。可是这十二件事情几乎是不可能完成的，甚至会要了他的命。

神奇的赫拉克勒斯完成了交给他的所有任务，包括杀死恐怖的九头蛇！

这些任务还包括追赶野猪、跟狮子摔跤、捡金苹果、把整个世界扛起来，以及收拾永无休止的马粪等！最后一个任务是抓走地狱的看门狗刻耳柏洛斯，这是一只长着三个脑袋的大狗！你觉得赫拉克勒斯能完成吗？小菜一碟！

他利用自己的聪明才智和强壮的身体完成了所有不可思议的冒险。

最后，赫拉克勒斯成了真正的神！赫拉和欧律斯透斯更嫉妒他了。

潘多拉魔盒

厄（è）庇（bì）米修斯和普罗米修斯俩兄弟，是善良、正直又年轻的神。宙斯年纪大了，还小心眼。

一天，宙斯的小心眼毛病又犯了，他觉得人类不应该有火。这样他们就无法取暖，也没法把食物做熟!

普罗米修斯觉得这个想法太荒谬了，于是他就把火种送回了人间。

宙斯知道后非常生气，于是他把普罗米修斯绑到一块石头上。这还不解恨，宙斯又想出了一个更恶毒的主意来收拾厄庇米修斯。

哥哥不在的时候，厄庇米修斯孤单又无聊，于是宙斯就让锻造之神赫菲斯托斯用黏（nián）土做了一个世界上最漂亮的女人。

宙斯赋予这个女人生命，并给她起名叫潘多拉。他让潘多拉成为厄庇米修斯的妻子。这件事表面上看起来似乎还不错！

厄庇米修斯知道宙斯有阴谋，但他对潘多拉一见钟情，还是跟她结婚了（这时候的潘多拉可不是一堆黏土了）。

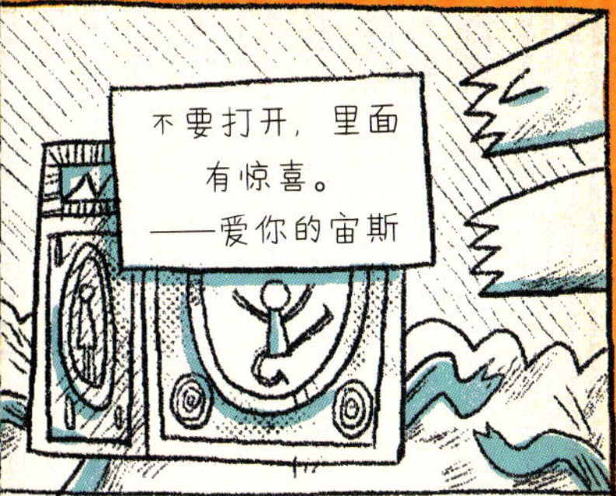

宙斯给了他们一个神秘的盒子作为结婚礼物，上面贴着一张字条，写着“**不要打开！**”

你猜接下来发生了什么？好奇的潘多拉把盒子打开了，世界上最糟糕的东西都从里面飞了出来——嫉妒、痛苦、仇恨、疾病和欲望。

她赶紧把盒子盖上，可是已经太晚了。世界从此变了模样。

但就在盒子关上的一刹那，有一只小虫子从盒子里跳了出来。这只小虫子叫作希望，而正是希望让世界变得不是太糟糕。

古希腊人写了很多作品，正是这些作品让我们对他们有了更多的了解。但是他们写的不是关于用餐和度假的博客，而是一些神话故事、法律和史诗！

斯库拉（一种可怕的、长着好多脑袋的海妖）

风神

最著名的史诗是荷马写的《奥德赛》。之所以叫它史诗，是因为它很长，一共有24本！这本书讲述的是一个叫奥德修斯的英雄在特洛伊战争之后回家的艰难旅程。书里面讲了很多令人吃惊的故事……

吃莲花的人
（也叫素食主义者）

库克罗普斯
（独眼巨人）

漂亮的女神卡吕普索
（一个生活在海边的精灵）

海难！

大团圆结局！

有这么多精彩的故事，古希腊人自然就想把它们表演出来。到剧院看戏是很好的享受，成千上万的人拥入剧场观看最新的戏剧。那时候还没有大屏幕，如果你坐在后排，就看不清演员的样子。为了解决这个问题，演员会戴着巨大的面具来表示角色的情绪。

跟今天一样，奥林匹克运动会是古希腊最隆重的体育赛事。其实，奥运会就是古希腊人发明的！古代奥运会起源于何时，传说不一，但大多数学者认为，第一届奥运会于公元前776年在奥林匹亚举行，以后每四年夏季举办一次。举行运动会时，战争都会暂时停止，会有50000人来到奥林匹亚，希望能在比赛中取得好成绩。

摔跤

你需要把你的对手摔到地上三次才行，或直到对手认输。

拳击

用你的拳头击打对手，直到对手认输。

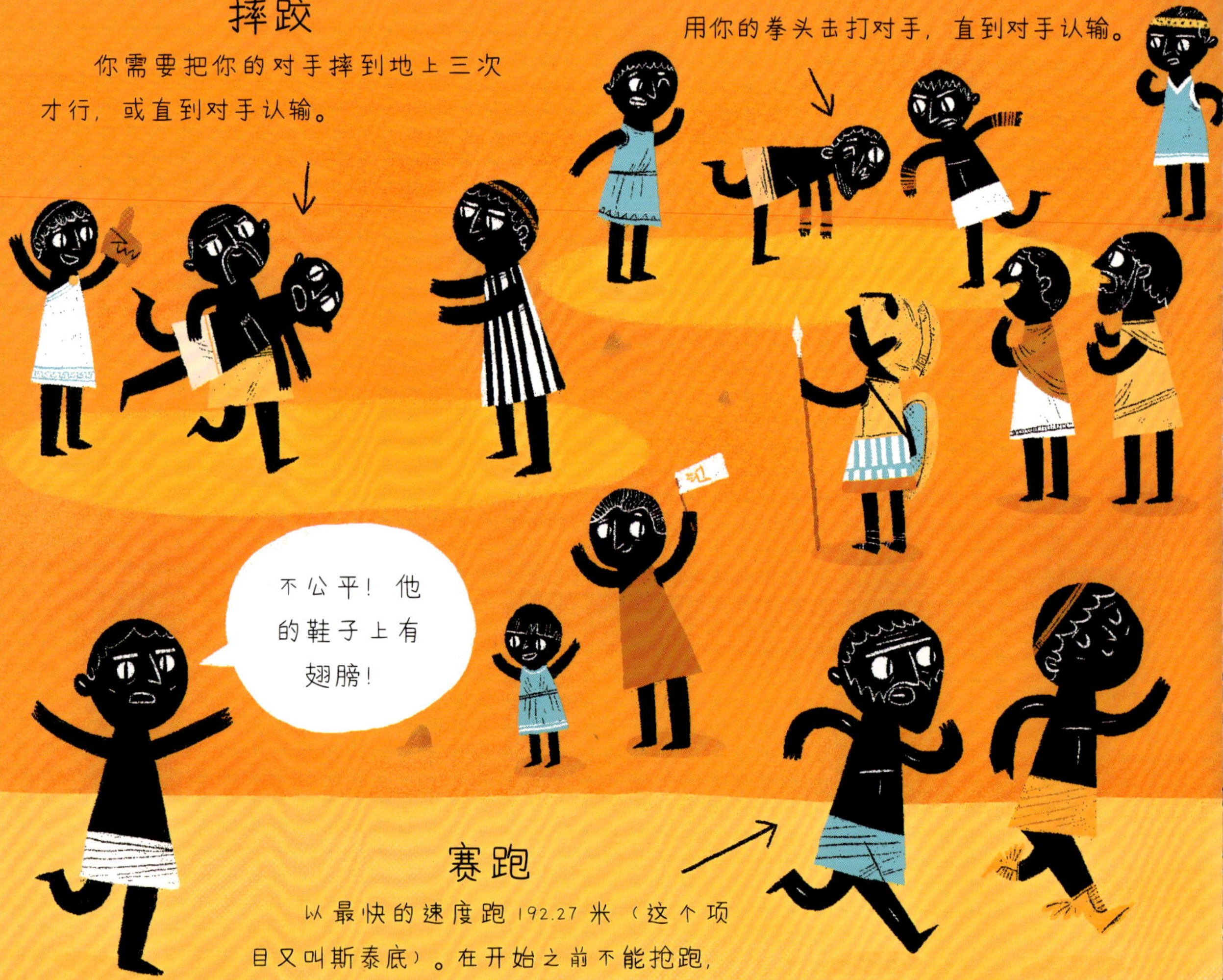
不公平！他的鞋子上有翅膀！

赛跑

以最快的速度跑192.27米（这个项目又叫斯泰底）。在开始之前不能抢跑，否则就会被取消比赛资格或者被揍一顿。

标枪

你能把一根尖头的木棍扔多远？告诉你个诀窍：如果用皮带把标枪包裹起来，标枪能飞得更远！

铁饼

把石头或一块金属做的饼扔得越远越好。

跳远

不能助跑，不能单脚起跳！挥动双臂，利用惯性跳出去！

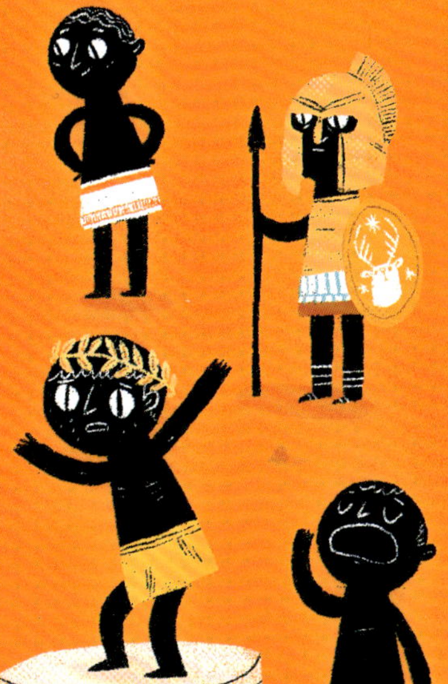

五项全能

如果觉得一项运动不过瘾，那就五项一起来！跑步、跳远、摔跤、掷铁饼和投标枪，如果你都能赢，你就可以获得奖牌！可惜，在古希腊，冠军不发金牌，只奖励一个用树叶编的王冠！

结了婚的女人是不能参加奥运会的，没结婚的女人每四年会在奥林匹亚举行她们自己的赫拉运动会，这个活动是为了纪念女神赫拉。

当我们欣赏那些古希腊著名雕塑或彩绘花瓶时，从作品中衣着华丽的优雅妇女，或肌肉强壮的男人形象，我们都可以看出：在古希腊，人们是非常爱美的。

古希腊的女人都戴着时髦的宽檐帽子（佩塔索斯）来防晒。

男人都想成为优秀的士兵和运动员，所以他们注重锻炼，保持身材。

富有的女人还会戴着华丽的金银首饰。
虽然最新款的运动鞋很棒，但古希腊人不在乎，因为他们从不穿运动鞋。他们一般光着脚或穿着皮凉鞋到处走。

古希腊人的衣服一般用亚麻或质量上乘的羊毛织成。不管男人、女人还是孩子，都穿着一种叫“希顿”的袍子。希顿用一块很大的布裁成，用别针固定，再在腰部系一根腰带。那时候人们还经常给布料染上颜色——紫色的染料是用昆虫幼虫甚至海螺制成的！

布料染色以后，人们还会用刺猬的刺在布料上刮擦，让布料变得更柔软。但是你可不要在家尝试哦！

古希腊的男人负责制定各种重大决策、打仗和参加运动会，而大多数女人根本没有自由。

女孩一般在十几岁结婚以后，就只能待在家里。她们不能去上学！每天的生活就是纺线、缝衣服、做饭、照顾孩子。

德尔斐神庙的祭司

用一条紫色的头巾盖住头。
祭司在给出预言之前要先嚼一嚼月桂叶。
祭司凝视着一碗泉水来预测未来。
她坐在一种叫作三脚架的特制凳子上。

并不是所有女人都只做无聊的家务，有些女人在宗教中起着重要的作用。雅典娜神庙的女祭司是雅典重要的宗教人物，甚至会影响到城市的管理。德尔斐神庙的女祭司是神的代言人，据说她能预知未来！太可怕了！

女祭司会把那些从地下冒出来的、带着香味的水蒸气吸进去。

只有有钱人家的男孩子才能去上学。如果你觉得一天去一所学校就已经足够了，那试着想象一下一天去三所学校是什么感觉！从7岁到18岁，男孩每天要去三所不同的学校上不同的课！

上午

语法老师教阅读、写作和数学。

中午

孩子们来到另一所学校跟音乐老师学音乐。

下午

还要去体育馆，跟体育老师学跳舞和各种运动项目。希腊人认为，身体好跟学习好一样重要。

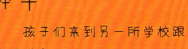

学生用骨头或金属做的刻笔在涂蜡的木板上刻字。

古希腊的学校都很小，大多数老师只教10到20个孩子。要是你完不成作业，可没地方躲！

古希腊人想把他们的历史、文化和故事都记录下来，留传后世，因此他们发明了一种字母。这些能读、能写、能让人们看懂的字母让古希腊的文化传承下来。这些字母直到现在仍在使用，它们长这样：

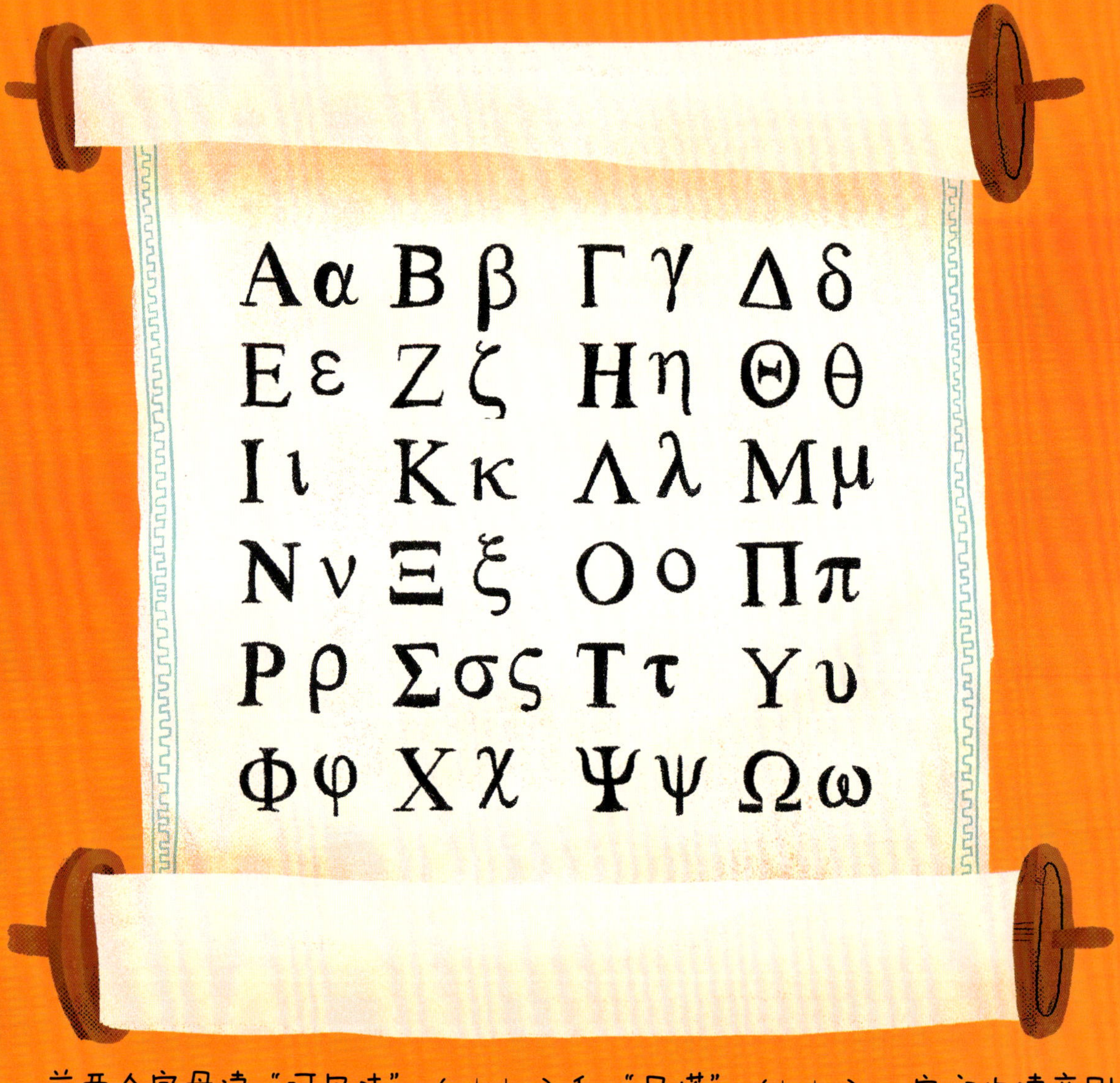

前两个字母读“阿尔法”（alpha）和“贝塔”（beta），它们的读音刚好组成了我们今天所用的英文单词alphabet（字母表）。

这些字母也用在数学中。事实上，直到今天，科学家和数学家仍然在计算时使用一些希腊字母。很多英语单词也来自希腊语。

英语中“Atlas”（地图集）这个单词来自希腊语中的“Atlas”（阿特拉斯）。阿特拉斯是希腊的大力神，他用双肩支撑着天空。

英语中“Chaos”（混乱）这个词来自一个希腊单词“Khaos”。在希腊语中，这个单词的意思是宇宙开始之初的混沌状态。

英语中的“Phobia”（恐怖）来自希腊语“phobos”。

英语中的“Micro”（微观）这个词也来自希腊语。“Microscope”（显微镜）就是由这个词演变而成的。通过显微镜，我们能看到很多微小的东西！

英语中的“Phone”（电话）这个词来自希腊语“Phōnē”。古希腊人没有电话，当时这个词的意思是“声音”。

古希腊人的房子都有花园或院子。房子的窗户很高，既可以让屋里凉快一点，还能防止别人偷偷往里看。屋里的家具不多，人们都是坐在木头椅子或凳子上，睡在羊毛、羽毛或干草上。

古希腊房子的里面是这样的：

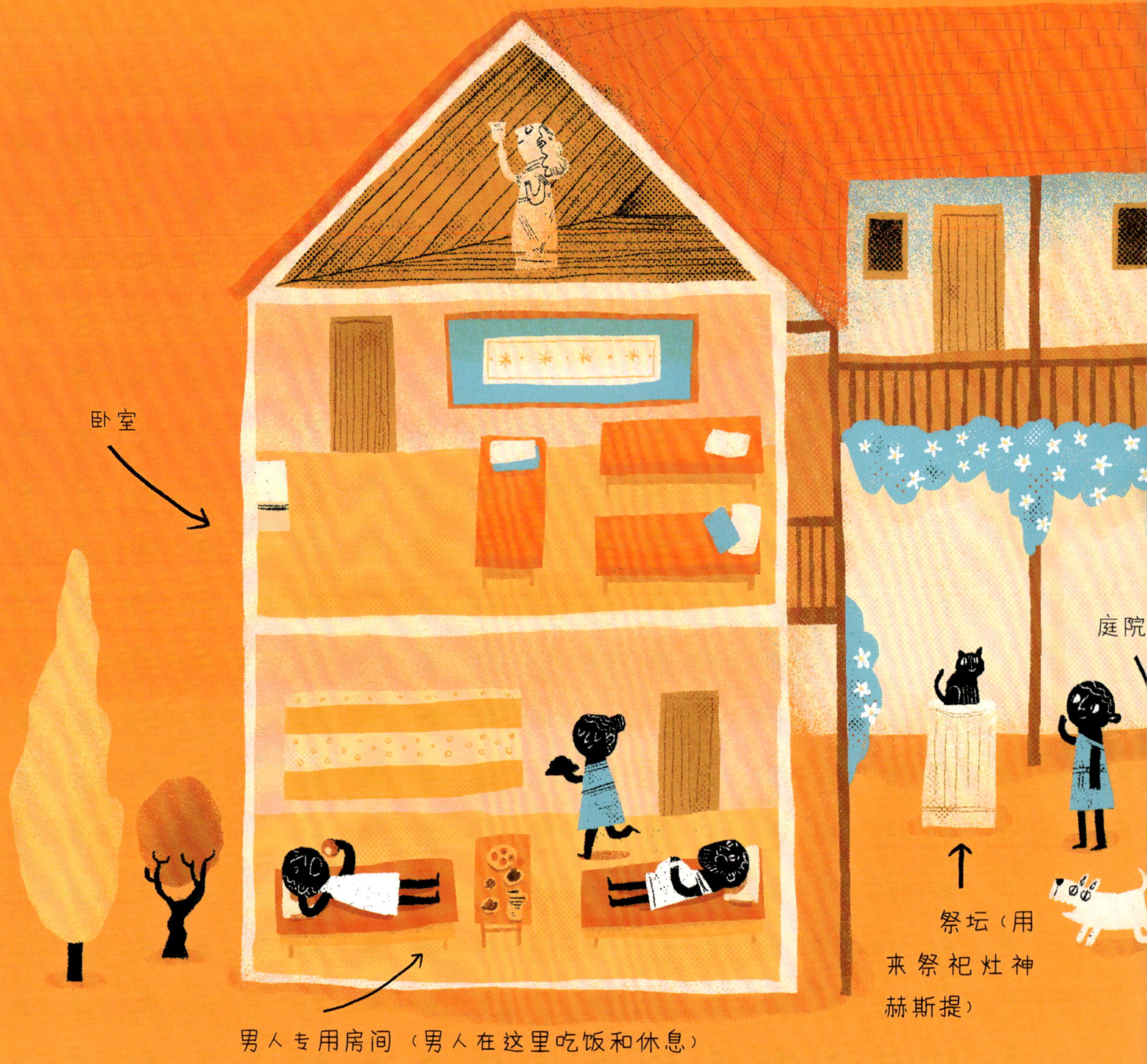
卧室
庭院
祭坛（用来祭祀灶神赫斯提）
男人专用房间（男人在这里吃饭和休息）

他们的房子里没有厕所。如果你想尿尿，你必须到室外！洗澡的话要去公共浴池，或者到河边用水桶洗澡。只有非常有钱的女人才有可能在家里洗澡，奴隶需要花很长时间用水桶把浴缸灌满水。

屋顶（用黏土瓦做的）
闺房（女生可以在此聚会）
嘿！你不介意吧？
水井（有钱人不用到附近的城镇去取水）
储藏室（存放橄榄油、葡萄酒和粮食）
浴室
室外厕所

古希腊人种植小麦和大麦，用来做面包和粥，这是他们的主食。如果在家里养只羊就更好了，就可以喝羊奶、吃奶酪。

大多数人都是躺着吃饭！真不可思议！
大家都是用手抓饭。
富人会让奴隶伺候他们吃饭。

如果家里有点儿钱，就能吃上鱼肉、兔肉、野猪肉或者章鱼了！

虽然面包和奶酪很好吃，但营养不全面，所以古希腊人还会吃水果和蔬菜，包括豌豆、苹果、无花果和石榴，来保持健康。

想象一下古希腊的菜单是什么样子，一定很有趣。

菜单

把手洗干净，躺下来，品尝一下古希腊的美食吧！
下面都是我们的美食，葡萄酒无限量供应！

早餐

面包和葡萄酒（葡萄酒是用来蘸面包的）

用小麦、油、蜂蜜和牛奶做的薄煎饼，上面抹着蜂蜜和奶酪（那时候还没有巧克力酱）。

午餐

希望你喜欢吃面包蘸葡萄酒。午餐也吃这个！当然，还有无花果、咸鱼、奶酪、橄榄。

晚餐

这是我们的正餐！有鸡蛋、鱼、芦笋、卷心菜、胡萝卜、橄榄、奶酪、无花果和肉。当然，还有面包和葡萄酒。

甜点

最好吃的留在最后！用奶酪、无花果和橄榄蘸着蜂蜜吃。当然，还有葡萄酒……

古希腊人都是能工巧匠，他们制作了很多漂亮的东西，最著名的是陶器。他们用复杂的花纹和图案装饰陶器。这些图案往往讲述一些故事，为我们了解古希腊人的生活提供了有价值的线索。

塞壬（rén）花瓶是最著名的陶瓶之一，现在陈列在英国伦敦的大英博物馆里。花瓶上的图案描绘的是奥德修斯回国途中经过塞壬部落时的情形（塞壬是一些长得像鸟一样的可怕女人，她们用歌声诱惑水手，并导致他们死亡）。

因为用途不同，花瓶会有不同的形状。橘红色的陶土可以通过两种方法进行装饰。

黑彩花瓶要用黑色装饰，而红彩花瓶则只需要把图案的背景涂成黑色。你明白了吗？

对古希腊人来说，保持身材和健康是非常重要的。如果生病了怎么办？没关系，古希腊的医生可是很厉害的哦！

希波克拉底被尊称为“医学之父”。他之所以出名，是因为他第一个意识到：人之所以生病，不是因为神发怒，而是有科学原因。他的观点和教学方法对医学的发展产生了巨大影响，直到现在，所有的医生从医学院毕业时，都要宣读《希波克拉底誓言》。

如果连医生都治不好你的病，你就只能去阿斯克勒庇俄斯神庙了。洗完澡之后，你上床躺下。当你睡着的时候，医术之神阿斯克勒庇俄斯会来到你身边，施展魔法。作为回报，你要送给阿斯克勒庇俄斯一件礼物。送花，还是送蛋糕？他都不要，他只想要你被治愈的身体部位的模型！有时会很尴尬……

古希腊人非常聪明，他们开创了奥林匹克运动会，建立了更公平的政治制度，甚至发明了闹钟（这个发明我可不喜欢）！有些人还提出了改变世界的重要思想，他们被称作哲学家。哲学的意思就是“热爱真理”。

毕达哥拉斯（公元前580年—公元前500年）

他认为一切事物都可以用数学解释。他发现一些测量几何图形的方法，直到现在，学生还在学习。

苏格拉底（公元前469年—公元前399年）

他提出了一些关于对错的道德问题。不幸的是，当时雅典城邦的一些人不喜欢他的教学方法。可怜的苏格拉底最后被迫喝毒酒自杀了。

柏拉图（公元前 428 年－公元前 347 年）

他是苏格拉底的学生。虽然苏格拉底没有写下任何关于教学方法的资料，但是柏拉图却把苏格拉底的思想记录下来，并结合自己的想法，写了很多关于公平和政府的文章。

亚里士多德（公元前 384 年－公元前 322 年）

他是柏拉图的学生。他写的书涉及所有的科学领域，甚至包括植物学和动物学。跟现在的科学家一样，他通过实验更深入地了解这个世界。

哲学家（还有其他很多人）引导人们用新的方式进行思考。他们是第一批用科学和数学，而不是用神话解释这个世界的人。他们的思想在今天仍然非常重要。

跟古代其他文明一样，古希腊人的寿命也不是很长。男人经常死于战争，而女人多死于难产。但是，古希腊人认为死亡并不是人生的终点。在人死后，通往冥界的旅程才刚刚开始！

1. 在人死后，死神塔纳托斯会找到他，剪下他的一绺头发。

2. 信使赫尔墨斯会带他来到冥河。

3. 如果他的身体被埋葬了，冥河渡神会带他渡过冥河。（会收小费哦！）

4. 在冥河对岸，他会看到地狱犬刻耳柏洛斯，这是一条长着三个脑袋的大狗，看守着冥界的大门。它绝不会让人再回到人间。

5. 一旦渡过冥河，他还要穿过一片水仙花丛，在这里他会失去所有的记忆。

6. 最终是审判时间。在一个三岔路口，三个判官会决定人的灵魂通往哪里。

这三个结果分别是：

A.

好人将进入天堂，这是一个没有痛苦、充满阳光的极乐世界。

B.

不好也不坏的人将回到水仙花丛，在这里，每一天都是新的开始。

C.

坏人将被送到地狱。在那里，他将接受神的残酷惩罚。在希腊神话里，西西弗斯要把一块巨石推到山顶，可是它每次快到山顶的时候就会滚下来，这个过程会不断重复。想象一下，如果你刚收拾好的房间，一下子被弄乱了，得有多气人！

古希腊的城邦之间经常发生战争。雅典和斯巴达之间的战争持续了27年！只有来自外族的威胁才会让他们忘掉内部的矛盾，团结起来，一致对外。古希腊最大的敌人是波斯人。波斯就是现在的伊朗。波斯人想要占领希腊，但一直没有成功。

古希腊的部队主要由重装甲步兵组成。这些士兵身披重甲，手持盾牌。

重装甲步兵在打仗的时候会排成方队，把盾牌连在一起，把长矛从盾牌的缝隙里伸出去。这种阵型被称为“密集方阵”。

“密集方阵”坚不可摧，战无不胜！

不好意思，今天我们不想打仗！
我妈妈给我来信了！

因为希腊境内遍布岛屿，所以古希腊人都是优秀的水手。他们也使用战船，其中最大的是三列桨座战船。这种船由 170 名划桨手划船。船头很尖，可以直接撞向敌船，将其撞沉！

“到海里好好享受吧！”

成功啦！
我们可不想这么早就到海里度假！

斯巴达是位于希腊半岛的一个城邦，那里的人们都热衷打仗。其他城邦的人都很害怕斯巴达人，因为他们打仗特别厉害，而且一生都在坚持训练。士兵都穿着红色斗篷，这样可以掩盖红色血迹，而且不需要经常洗！

重装甲步兵：
头盔
（带有护鼻和漂亮的马鬃头饰）
多鲁
（一种长矛）
胸甲
（一块保护胸部的青铜片）
盾
（一种很重的木制盾牌）
护胫（jìng）套
（保护腿的盔甲）
斗篷
（成年累月穿着）

斯巴达的女人比其他城邦的女人要自由一点。她们也可以参加训练，甚至可以参加比赛。最富传奇色彩的斯巴达女人是西尼斯卡，她是一位令人生畏的公主。她参加了两轮马车比赛，而且成为第一个在古代奥林匹克比赛中获得冠军的女性。

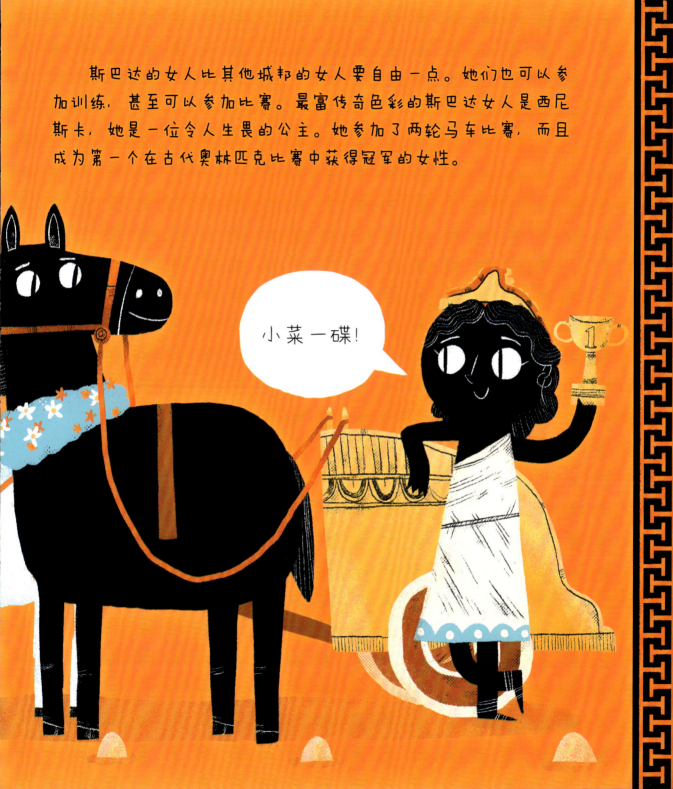

对于一个城邦众多，而且各城邦各自为政的大国来说，需要一个强有力的人把它们统一起来，否则就是一盘散沙。公元前336年，来自强大的马其顿的亚历山大大帝统治了整个希腊，并把它变成一个远到埃及东部、盛极一时的大帝国。亚历山大帝国一度成为世界上最强大的国家。他真了不起！

公元前323年，亚历山大因为发烧而去世，帝国随后也分裂了。希腊进入了第三个阶段——希腊化时代。在这个阶段，强大的罗马帝国占领了雅典，加强了对其他地区的控制。到公元前31年时，罗马帝国征服了亚历山大帝国的大部分地区。

希腊人的生活从此发生了改变，但是罗马人继承了大部分的希腊文化，包括建筑、信仰和服饰。

现在的希腊，人口超过了1100万，还是像往日一样繁荣。游客纷纷来到这里，享受舒适的天气、好吃的传统美食和著名的历史遗迹。在希腊各地，仍能看到古代文明的痕迹。

在热闹的首都雅典，卫城仍然矗立在城市中间。

在20世纪，克里特岛的克诺索斯王宫遗址被挖掘出来。由于战争和地震的破坏，只有很少一部分彩绘保留下来。

一定要小心人身牛头怪米诺陶洛斯哦！

奥林匹亚是举行第一届奥运会的地方。今天，你还能看到当年摔跤手训练的地方。你还可以在体育场里赛跑。在宙斯和赫拉神庙的庇护下，你一定会赢哦！

要想看古希腊的遗迹，你没有必要跑遍希腊全境。在世界的很多地方都可能看到古希腊的文物。到博物馆去发现珍贵的文物吧，然后想象一下创造古希腊文明的聪明人过着什么样的生活！

公元前 2600 年

米诺斯文明开始。

公元前 1600 年

进入迈锡尼文明。

公元前 1188 年

传说中的特洛伊战争爆发。

公元前 508 年

雅典实行民主制。

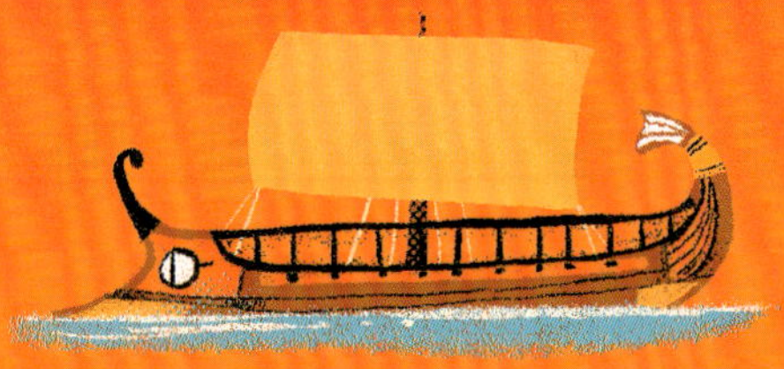

公元前 490 年

希波战争爆发。

公元前 776 年

第一届古代奥运会举行。

约公元前 750 年

荷马创作了史诗《奥德赛》和《伊利亚特》。

公元前 336 年

亚历山大称帝。

公元前 323 年

亚历山大大帝去世，举国哀悼。

公元前 146 年

罗马人入侵并占领希腊。

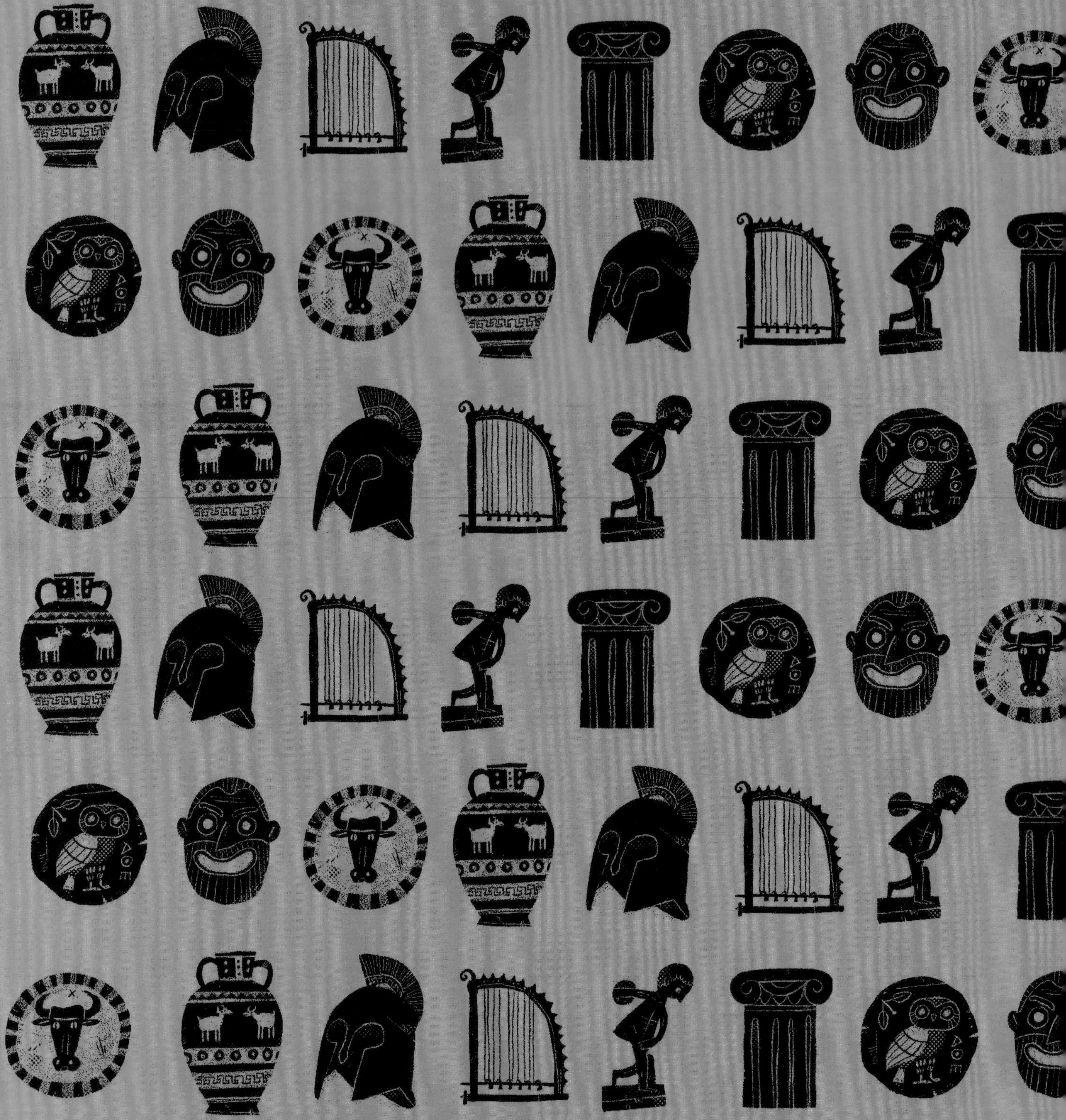